Frevel und Andacht
Gedichte

Christoph Sebastian Widdau

Bibliografische Information der Deutschen
Nationalbibliothek: Die Deutsche Nationalbibliothek
verzeichnet diese Publikation in der Deutschen
Nationalbibliografie; detaillierte bibliografische Daten
sind im Internet über dnb.dnb.de abrufbar.

Herstellung und Verlag:
BoD – Books on Demand, Norderstedt

ISBN: 9783752850956

Eines Tages

Inhalt

Morgengebet

Frevel und Andacht

Brennendes Gebetsknie, das Fleisch trägt
Das Leib hält, damit du nie vergisst
Was meine Liebe tut

Blutkelch und Bittgesang, im Nachhall
Des Kerzenschimmers, in dir zu atmen
Um Heiliges zu denken

Zu deiner Rechten sitzend, Gepriesene
Die Streichelkehle, wer in dir bleibt
Und in wem du bleibst

Nimm und trinke daraus, Lippen und Scham
Die Doppelbeuge, zu scheiden mich
Nimmer von dir

Galeriebesuch

Zum Klang der Violine

Fiedel, fiedel, karger Tod
Auf deiner letzten Saite
Den Pinsel halt' ich ohne Not
Auch wenn dein garstig' Spiel mir droht
Lausch' ich dir zum Geleite

Schmiege, schmieg' dich, kalter Tod
Hauchlos an meinen Rücken
Die Farben misch' ich ohne Not
Dir Obhut geben: mein Gebot
Bin ich's, um dich zu schmücken

Werd' ich, werd' ich, klammer Tod
Zum Klang der Violine
Das Bildnis schaffen ohne Not
Verzichtend fast auf Blut und Rot
Mit schicksalsstarrer Miene

Arnold Böcklin
Selbstbildnis mit fiedelndem Tod (1872)

Handgehobeltes Parkett

Vulgär, Gustave, stell' dir das vor
Deine Langarmigen in Öl
Hobelnd, schleifend, hobelnd
Auf der Linie eines Himmels

Des Ringfingers matter Glanz
An dem keusch Betenden
Der sich sittsam vertieft
Um zierend zu schaffen
Dein Fundament und meines

Gustave, vulgär seien sie
Deine Raboteurs de parquet
Hobelnd, schleifend, hobelnd
Auf der Linie eines Himmels
Der verloren ist

Gustave Caillebotte
Les Raboteurs de parquet (1875)

La Vérité sortant du puits

Grimm, der entgegenschnellt
Aus zertrauerten Augen, die du
Aufschlägst im Licht

Aufschlugst in Dunkelheit
Um die Meter zu nehmen, die du
Dem Stein abtrotztest

Um aus deiner reinen Brust
Den Schrei auszustoßen, der nicht
Im Brunnen endet

Schöne, schlage mich nieder
Mit einem Peitschenhieb, der mich
Züchtigt und zähmt

Grimm, der ganz und gar zwinge
Schenkel zu vergessen, die mich
Versenken im Quellstein

Jean-Léon Gérôme
La Vérité sortant du puits armée de son
martinet pour châtier l'humanité (1896)

Selbstportrait

Ein Wort ist es nicht, das dir
Kommt über die Lippen
Nicht einmal eine Silbe, die dir
Entfährt, unter uns Tauben
Kein Laut und kein Zug
Des Atmens, mein Geist

Der Stoff ist es nicht, der dich
Wärmt am Leib und schützt
Nicht einmal Grenze ist, da er
Dich birgt, unter uns Blinden
Zeigt, zeichnet und doch
Blickrand bleibt, mein Geist

Mein Geist, in deinem Angesicht
Des Seins und des Nichtseins
Verharre ich, gedrängt
Dir zu entsprechen und nichts als
Zu loben, die Unentschiedenheit
Unter uns Stummen

Ellen Thesleff
Omakuva (1895)

18

Wogenmitte, Frau und Mann

Wogenmitte, schäumend, schlagend
Wellenbrüche, senkend, ragend
Mühen schleiernd, Glühen stürmend
Wellenspitzen, ringsum türmend

An den Tauen, blockend, fassend
Gürtend, ziehend, Kräfte lassend
Blutrufansporn, Stand ersuchend
Lockung nässend, Lockung tuchend

Ohnmachtsanmut, links sich haltend
Rechts die Hand am Nass erkaltend
Schenkelleuchtend, seegangsehnend
Todesnahend, lebenslehnend

Winslow Homer
The Life Line (1884)

19

Sangesraubzug

An Kelchen, Schmuckschatullen, Talern
Körben, Ketten, Perlen, Zahlern
Fehlt es nicht, ihr reizend Schönen
Lustspielend zu den Brandungstönen

Im Unterschlupf, der Zeit entrückt
Der Sangesraubzug ewig glückt
Am Horizont, dem nassen Grab
Der sinnlos schwankend' Himmelsstab

Und Schiff um Schiff sticht in die See
Denn unerkannt ist die Idee
Des Reizes, der mit euch erschallt
Des Meereshalls Begiergewalt

Sir Edward John Poynter
Cave of the Storm Nymphs (1903)

Begehr der Muse

Der Klang des Blicks, sirenengleich
Die Strophen dir zu schmieden
Der Lyradrang im Wellenrausch
Die Himmelswut zu frieden

Das Kleid zu fluten, tränenreich
Den Vers an dir zu stählen
Dem Lippengluten Bote sein
Die Süchte zu vermählen

Der Wille brandet, wogenweich
Das Wort für dich zu finden
Die Silbe sandet, Ebbeflut
Erstirbt in allen Winden

Hans Unger
Die Muse (1897)

Wimpernschluss

Der Habit an deinem Leib
Kupferrot, ein Dazwischen
Weil sich mischen
Erde und Blut
Blut und Erde
In deinem Wimpernschluss

Weil sich rühren
Scham und Sehnen
Sehnen und Scham
In deiner stummen Anrufung
Die meinen Blick heischt
Kapuze und Mantel zu trotzen

Alice Pike Barney
Woman with Red Hood (etwa 1895)

Des Blutschweifs Licht

Leer ist des Einen Angesicht
So leer wie das des Zweiten
Des Einen Herz geht ins Gericht
Des Zweiten Laut die Stille bricht
Den Abgang zu geleiten

Den Abhang spürt der Dritte nicht
Dem Einen ist er Flucht
Dem Trio ist der Blutschweif Licht
Für jede Leere ein Bericht
Von nicht gewährter Sucht

Edvard Munch
Fortvivlelse (1892)

Spaziergang

Keen Tied

Keen Tied, mein kleiner Sanderling
Dem Wellengang zu flieh'n
Zu spüren Tang und Wasserhaar
Muss ich mich niederknien

Keen Tied, mein kleiner Sonderling
Dem Wogenschlag zu weichen
Zu werden Wasserhaar und Tang
Dem Sand das Glas zu reichen

Die Wanderin

Auf dem schmalen Weg, der
Kein Weg ist, ein Streifen
In der Ferne schon, tastend
Ausweichen in Sträuchern
Lang noch nicht, nahend
Spechtschlag, Windgang
Wogenahnung, Beerenrot
Des Eichkätzchens Sprung
Auf dem Weg, dem schmalen
Den du öffnest, Grenzgang
Ausweichend in Sträuchern
Streifend, in der Nähe
Nichtssagend, kein Weg
Wo auch immer – Adieu

Von deinen Gaben

Von deinem Strauch
Nasche ich nicht
Weil ich dir misstraue
Sondern weil ich misstraue
Dem Verlangenden

Von deinen Zweigen
Lass' ich mich wärmen nicht
Weil ich dir zürne
Sondern weil ich zürne
Dem Fröstelnden

Von deinen Tropfen
Koste ich nicht
Weil ich dir entsage
Sondern weil ich entsage
Dem Sehnenden

Gezweiggewirr

Zwischen Stämmen und Gräsern
Gezweiggewirr, frische Gabe
Des spaltenden Sturms

Schmücke ich ab, die Fortsätze
Schnitze ich zu, die Hölzer
Taufe und weihe ich, das Gedächtnis

Um dein Bild zu rahmen
An einer Stelle des Waldes
Zwischen Nichtsein und Sein

Dämmerung

Des Lichtspiels kurze Stunde
Bricht augenheischend an
Aus schöpfungsreicher Wunde
Rotfluss ergießt sich dann

Rotfluss mit Grün und Gräue
Auf Wellen, müd' und satt
Des Himmels Einheitsbläue
Den Raum verloren hat

Im Zeitengang von Sonn' und Mond
Verfinstert sich der Sand
Bis alles, was hier treibt und wohnt
Verstummt im Nachtgewand

Korrespondenz

Der Sängerin

Das Wort in seinem rechten Ton
Zerspellt des Gleichklangs Königsthron
Geformt durch Ihre Lippen
Erschütt'rung in Gerippen
Des Nachhalls bitt'rer Lohn

Das Wort in seinem wahren Laut
Erschallt im Mund der wunden Braut
Gebrochen an den Bändern
Wie blutnass an Gewändern
Rinnt es auf Ihrer Haut

Das Wort in seinem echten Klang
Durchströmt das Haus, Parkett und Rang
Gefügt zu einer Klage
Die Sehnsucht aller Tage
In Ihrem Notgesang

Unter Blättern

Nichts, bloß
Rinnendes, zum Gang
Konnte ich dir widmen
Damals, im Regen

Weil mir misslang die Geste
Weil mir der Laut erstarb
Weil mir fehlte die Anmut
Weil mir das Schicksal blühte
Weil mir fremd war die Zeit

So stand ich, tropfend
Wund vor dir und
Konnte dir widmen, dankend
Nichts, bloß

An einen Notar

Erfülle meinen Wunsch, Notar
Damit nichts von mir bleibe
Sodass die Welt erleichtert wird
Von meinem Geist und Leibe

Erfülle meinen Wunsch, Notar
Damit ich schlafen kann
Und streiche meine Silben aus
Die ich im Wald ersann

Erfülle meinen Wunsch, Notar
Das ist mein letzter Wille
Damit mein Sehnen Abschied nimmt
Und du erstarrst in Stille

Abendgebete

Mein Lieb

Dein Leib, mein Lieb
Im Nachtgewand
Den ich an kahler Decke fand

Dein Streich, mein Lieb
In Nachtarmut
Auf meinen glaubend' Schultern ruht

Dein Klang, mein Lieb
In Nachtgeduld
Ein kleiner Tropfen sühnt die Schuld

Dein Sein, mein Lieb
Im Nachtgewühl
Das jenseits aller Stund' ich fühl'

Des Fertigens Schluss

Euch, die ich liebte
Unnachgiebig liebte
Entlasse ich feierlich
In die Freiheit der Riegel
Einer Kassettentür

Die ich fertige und fertige
Immerfort fertige
Bis ihr, Geliebte
Fertigend und schweigend
Schließen sollt